A BARTHÉLEMY.

UN MOT SUR L'ALGÉRIE,

PAR UN CAPORAL

au nom de tous ses camarades de l'Armée;

SUIVI

d'un Épilogue où le public pourra trouver quelque chose d'utile.

Vendu au profit des victimes de la vallée de Monville

PRIX: 60 CENT.

à Paris, chez **G. A. DENTU,** Imprimeur Libraire,
Palais-Royal, 13, galerie d'Orléans.
Se trouve chez tous les Marchands de Nouveautés
1845.

A BARTHÉLEMY.

*

UN MOT SUR L'ALGÉRIE,

PAR UN CAPORAL,
au nom de tous ses camarades de l'armée;

SUIVI

D'un Épilogue où le public pourra trouver quelque chose d'utile.

. . . . Il va du blanc au noir,
Il condamne au matin ses sentiments du soir.
(Boileau, *Satire* VIII, *vers* 49 *et* 50.)

Vendu au profit des victimes de la vallée de Monville,

PRIX : 60 CENT.

A PARIS,
CHEZ G.-A. DENTU, IMPRIMEUR-LIBRAIRE,
Palais-Royal, 13, galerie d'Orléans;
ET CHEZ TOUS LES MARCHANDS DE NOUVEAUTÉS.
1848

Paris. — Imp. de LACOUR et Cie., rue Saint-Hyacinthe-Saint-Michel, 33.

AU LECTEUR.

Si j'avais été libre, j'aurais depuis longtemps publié cette réponse à Barthélemy ; mais des circonstances indépendantes de ma volonté m'ont empêché de relever plus tôt cette série d'éloges que notre patriotique auteur croit devoir décerner aux Arabes et à celui qu'il reconnaît pour leur chef.

Aujourd'hui qu'un malheur bien récent, le désastre de Monville, me donne une occasion de venir au secours de ces trop nombreux infortunés, je livre à l'impression ces justes réflexions que m'avaient inspirées les vers sur l'Algérie, qui furent publiés dans le *Siècle* du 1er juin. Bien d'autres que moi les ont lus avec répugnance, et Barthélemy, qui eut le courage de les écrire, ne devra pas m'en vouloir, puisque ses vers vont devenir la cause d'une bonne action, et qu'ils nous fourniront l'occasion de soulager une bien grande infortune.

Nos soldats, s'ils veulent en croire Barthélemy, doivent s'attendre bientôt à de *grandes représailles*, et, suivant ses dires ou ses désirs, à courber leurs nobles étendards devant ces vigoureux athlètes qui, selon lui, présentent :

« Des types sans défaut, si rares parmi nous,
Et devant qui l'artiste incline ses genoux. »

Puis dans son enthousiasme africain cet auteur nous dit que

« Nos peintres, nos sculpteurs, qui dans leurs ateliers
Font poser à grands frais d'informes journaliers,
Rencontreraient ici, sur les places publiques,
Des modèles sans nombre en costumes bibliques,

Des traits d'Antinoüs, des formes d'Apollon,
Des jambes et des bras inconnus au salon ! »

Enfin, s'il faut l'en croire, la France doit à tout jamais renoncer à introduire dans ces contrées les bienfaits de la civilisation. La religion n'a plus de puissance, les arts, le commerce et l'agriculture n'offrent plus aucun attrait, et jamais l'Arabe ne renoncera, dit-il, à sa vie errante et vagabonde ; ceux même d'entre eux qui ont bien voulu goûter de la vie civilisée que nous leur avons apportée, vont abandonner les villes, retourner à leurs tentes et se joindre aux tribus insoumises, pour aller grossir l'innombrable armée du héros chanté par lui :

« Voilà que tout à coup, dans la nuit solitaire,
Tout le Zara tressaille aux cris d'une panthère ;
Les Douars les plus lointains, qui feignaient de dormir,
Mêlent leurs hurlements au signal de l'Émir :
Les croupes de l'Atlas aux fantastiques crêtes,
Les plaines, les vallons se hérissent de têtes,
Chaque pli du désert enfante un combattant ;
L'étendard de la foi se dresse palpitant ;

Une tourbe innombrable autour de lui ruisselle;
Et du haut de son trône, ou plutôt de sa selle,
Le Soudan sans Etats leur promet d'envahir
L'Alger que nous souillons, la sainte Aldjésaïr (*). »

Toutes ces belles choses, toutes ces lugubres prophéties sont sorties du cerveau de Barthélemy, pour lui fournir une occasion d'exhaler contre le pouvoir le poison dont

« Sa colère mâchée a fait un réservoir (**). »

Soit! que Barthélemy déblatère à son aise contre un ministère qui sait l'apprécier, et qui ne croit pas devoir payer son silence; mais, du moins, qu'il respecte notre jeune armée.

S'il a cru la jeter dans le découragement en lui répétant à satiété que tous ses efforts seront désor-

---

(*) L'*Algérie* (voir *le Siècle* du 1er juin 1845, et la note (1) à la fin, p. 23).

(**) *Le Réveil*, p. 8, ligne 6.

mais inutiles, en lui prédisant que, pour prix de ses énergiques travaux, une terrible catastrophe était inévitable, notre auteur, qui se dit éminemment patriotique, s'est trompé grossièrement, et notre brave armée lui prouvera que ses prophéties, du genre de celles de Matthieu Laensberg, ne feront pas mollir son courage, et les grandes représailles qu'il prédit auront le sort du traité de Maroc, dont l'échange ne devait jamais avoir lieu.

La poésie a le droit d'user de certaines licences; mais ce langage, doué de force et rempli d'énergiques images, ne peut jamais permettre au poëte de s'écarter des règles prescrites par le devoir et le sentiment national, dont on a fait si peu de cas dans la diatribe à laquelle je réponds. Le pauvre Barthélemy semble prendre à tâche de prouver qu'il est tombé bien bas, puisqu'il peut dire impunément, parlant d'Abd-el-Kader, son héros, et sans aucun respect pour la Majesté Royale :

« Et voilà Jugurtha reparu sur la scène,
Lui, de qui tant de fois le destin vacilla,
Lui, qu'un nouveau Bocchus devait vendre à Sylla. »

L'auteur qui a pu se permettre une telle licence, et auquel M. le procureur du roi a cru devoir ne demander aucun compte, est donc un homme dont les injures ou les éloges n'ont plus aucune portée, et qui sont devenus des choses tout à fait indifférentes.

*

A BARTHÉLEMY.

. . . . Il va du blanc au noir,
Il condamne au matin ses sentimens du soir.
(Boileau, *Satire* VIII, *vers* 49 *et* 50.)

Barthélemy, tes vers, souvent harmonieux,
Ont fait couler jadis des larmes de nos yeux :
Alors, tu t'en souviens, Méry, l'ardent poète,
En réchauffant ton cœur te bridait à la tête,
Malgré toi te forçait à louer la vertu,
Et relevait chez nous le courage abattu :
Mais j'ai lu ce *factum*, qu'hier sur l'Algérie,
Le démon qui t'inspire une étrange furie,
Te fit sans doute écrire après un bon repas.
Aux besoins qu'on s'est faits on ne résiste pas,
Et pour quelque peu d'or on est *cosmopolite;*
La patrie est vendue, et.... *l'honneur périclite* (2).

Alors qu'il veut payer, on chante un empereur,
Non pas celui qui dort, dont la noble valeur
Fit triompher partout le drapeau de la France,
Mais celui du désert : on vante sa vaillance,
On en fait un héros, un nouveau *Jugurtha.*

Je comprends ton *Bocchus:* quel est donc le *Sylla?*
Barthélemy, l'instinct ne peut remplacer l'âme (*).
Cet émir, dont tu viens déployer l'oriflamme,
Que tu veux célébrer en des vers apostats,
Mais il n'ose jamais approcher nos soldats !
Il les fuit, et malgré le *cheval de bataille*
Où tu le fais trôner, malgré *la haute taille*
Dont par toi, dans tes vers, est grandi ton héros,
Nos soldats n'ont jamais aperçu que son dos !
C'est donc là *cet émir, ce prince, ce prophète*
Qu'un peuple, avec orgueil, voit marcher à sa tête,
Qui combat avec rage et prie avec ferveur !
Ici-bas, dans le ciel, c'est un double sauveur.

(*) Voir la note (2) au N. 3, p. 25.

Est-ce alors que la nuit, sortant de ses repaires,
Ton héros vient surprendre, assassiner ses frères,
Et livrer à sa troupe un horrible butin,
Que, semblable au lion, il partage au matin ?
Il t'a donc bien payé cet homme insaisissable,
Que tu dis, dans tes vers, un océan de sable ;
Dont tu fais, de par toi, *le magique soutien*
Du vieux nom sarrasin hostile au nom chrétien ?
Son or était au titre, il faut le reconnaître,
Car tu nous dis bien haut : *le peuple vaut le maître !*
Et l'on retrouve en lui la force et la beauté
Dont l'homme primitif, sans doute, fut doté,
A la poitrine large, au pas léger et ferme,
Aux muscles vigoureux, saillants sous l'épiderme ;
Une dignité mâle étincelle sur eux ;
Jusque sous ses haillons desséchés et poudreux,
Effrangés par le temps, cardés par la misère,
L'Arabe qui mendie a l'air d'un Bélisaire.

Et voilà le portrait, insatiable auteur,
Que tu nous fais d'un peuple et perfide et voleur !

Puis, calmant le chagrin qui ronge *ses entrailles*,
Tu lui montres *le jour des grandes représailles*,
Tu lui promets sans honte un immense succès,
Et tu prétends encore au titre de Français!
Toi! qui prédis bientôt de tristes funérailles
Pour ces jeunes soldats dont le champ des batailles
A vu cent fois briller l'audace et la valeur,
Qui rappellent si bien ces temps de l'Empereur!
Les plaines de l'Isly, Constantine, El-Arrouche
N'offrent plus rien de grand qui t'émeuve et te touche,
Nos marins et Tanger, Joinville et Mogador (3)
T'ont vu muet pour eux, tant il est vrai que l'or,
L'or seul a le pouvoir de ranimer ta verve :
Ce métal est ton maître; et suivant le proverbe
Qui dit : **ON DOIT PAYER TOUT HOMME QUI SE VEND**,
Ta prose a mis tes vers et toi-même à l'encan.

O poète affamé! ton impudente verve,
Qui te pousse à rimer souvent malgré Minerve,
Excite la pitié chez nos jeunes soldats,
Qui savent bien juger tes impuissants ébats.

Il en est qui t'ont vu non loin de la jetée,
Recevoir *d'un vieux Maure à la barbe argentée*,
Comme un autre Judas, un misérable prix,
Pour bien vanter les siens dans tes pompeux écrits !
Aussi, tu nous le peints essuyant quelques larmes,
Ce vieux chef de forbans, dont les illustres armes
Récoltaient autrefois un opulent butin,
Aux côtes de Provence ou du pays latin.

En ces temps regrettés, tu l'ignores peut-être,
Il existait en France un noble, un digne prêtre :
Il s'appelait Vincent ; héros de charité,
Son nom avec honneur par le pauvre est cité ;
Il ne commandait pas aux foudres de Bellonne,
Mais il était puissant, il commandait l'aumône ;
Les riches à sa voix offraient leurs superflus,
L'ouvrier son épargne, et l'enfant un peu plus !
L'enfant, il se privait des douceurs du jeune âge,
Pour aider le saint prêtre à rompre l'esclavage
Où gémissaient alors de malheureux chrétiens,
Captifs infortunés aux bagnes africains.

De Paul a bien des fois abordé ces rivages,
Où brillent aujourd'hui de si nobles courages,
Et portant avec lui l'or de la charité,
Il abrégeait le temps de la captivité.

Un jour, il n'avait plus en sa bourse une obole,
Il ne lui restait rien, qu'une sainte parole
Dont le pauvre a béni bien des fois le pouvoir.
Aux captifs malheureux il promettait l'espoir
D'un retour très prochain; alors un d'eux s'avance :
« Depuis deux ans, dit-il, je suis loin de la France.
Ma femme et mes enfants privés de mon appui,
Souffrant, manquant de tout, m'attendaient aujourd'hui !
Mon père, en vous voyant, j'ai conçu l'espérance
De voir enfin cesser une longue souffrance,
Et vous partez sans moi ; je devrai donc mourir
Loin de ceux qui sans moi ne peuvent plus souffrir. »

Sais-tu, Barthélemy, ce que fit le saint prêtre ?
Il fit ce que pour nous a fait son divin maître :
Pour la rançon d'un frère offrant sa liberté,
Vincent connut les fers et la captivité ;

Ses mains de durs travaux firent l'apprentissage.
Mais au temps du repos, un sublime langage
Des captifs malheureux appaisait les douleurs;
De la religion leur montrant les douceurs,
Il les exhortait tous, et bientôt l'espérance
Descendait dans les cœurs, et calmait la souffrance.

De semblables héros ne se font pas chanter;
Mais l'Arabe et son chef, que tu viens nous vanter,
Ont payé leur tribut : aux faveurs de ta muse
Ils ont des droits acquis; et tous ceux qu'elle amuse
Pourront lire tes vers, où sans nulle pudeur
Tu fais marché de tout, reconnaissance, honneur,
Sentiment du devoir, amour de la patrie :
J'en veux pour seuls témoins tes vers sur l'Algérie !
Ceux qui bientôt après, flattant le travailleur,
De la force physique excitant la fureur,
Désignaient l'homme riche à tous les prolétaires !
Si ces derniers suivaient tes conseils salutaires,
On les verrait bientôt écoutant tes leçons,
Descendre dans la rue exposer leurs raisons !!!

Pauvre Barthélemy! ta tête déménage,
Ou tu peux te vanter d'un bien triste courage;
Mais celui qui chanta Rogers et Saint-Gervais,
Peut bien d'Abd-el-Kader célébrer les hauts faits.
Il peut tout, et trempant sa plume dans la fange,
Il peut dire qu'il vit et qu'il faut bien qu'il mange,
Que de sa dent à jeun l'alvéole gonflé,
Par celui qui paiera doit être désenflé (*).

(*) *Le Réveil*, de Barthélemy, p. 8, *lign.* 5 et 6.

ÉPILOGUE

OU LE LECTEUR POURRA TROUVER QUELQUE CHOSE D'UTILE.

Du mensonge toujours le vrai demeure maître ;
Pour paraître honnête homme, en un mot, il faut l'être,
Et jamais, quoi qu'il fasse, un mortel ici bas
Ne peut, aux yeux du monde, être ce qu'il n'est pas.

(Boileau, *Satire* XI.)

J'ai cru, Barthélemy, pouvoir te convier
A partager l'honneur que tu dois envier,
Celui de soulager nos infortunés frères.
Monville a bien souffert, et ses douleurs amères,
Ses malheureux enfants, écrasés et mourants,
Réclament des secours offerts aux plus souffrants.
Allons, point de rancune, et lorsque je t'en prie,
Sois cause d'un bienfait une fois dans ta vie !

Je ne veux pas ici de ton rare talent
Discuter le pouvoir: il serait tout puissant,
Si, moins mal inspiré, tu voulais nous écrire
Des vers que, sans rougir, nos filles puissent lire,
Et si de ta Phryné, que tu dis Némésis,
Qui sent, de vingt-cinq pas, la pipe et le cassis,
Tu savais diriger la course vagabonde.
Oui, tu pouvais te faire un beau nom dans le monde,
Et te dire aujourd'hui l'émule de Boileau :
Mais un génie obscur oppressant ton cerveau,
Te fait d'un rimailleur accepter l'encolure.
Tu ne fais rien de grand, tu te plais dans l'ordure ;
Tu te mets à l'encan et tu cotes tes vers!
On ne peut que blâmer cet ignoble travers.

Sont-ils vraiment de toi, ces vers dont se décore
Un enfant d'Israël exploitant *l'Osanore*,
Et qui veut se donner pour le seul inventeur
D'un système de dents dont il se dit l'auteur,
Le possesseur unique? Et s'il fallait le croire,
Il aurait inventé l'éléphant et l'ivoire!!

Si Rogers fit chanter ses prétendus succès (4),
Fallait-il outrager les dentistes français,
Les calomnier tous, les traiter d'inhabiles,
De bourreaux, inventeurs de tourments inutiles?
Non, de ces tristes vers tu ne fus pas l'auteur;
Car du mot OSANORE indiquant la valeur,
Tu l'aurais bien écrit; et sans trop de purisme,
Tu n'aurais pas forgé ce grossier barbarisme.

Le chantre de Rogers, peut-être, savait bien
Qu'écrit ainsi, ce mot ne signifiait rien;
Qu'il était, pour les sots, un mot assez sonore;
Mais qu'il fallait écrire, en français, ozanaure :
Que, composé du grec, ὄζαν, sentir mauvais,
Et du latin, *aura*, vapeur, tu le savais,
Le mot convenait bien pour désigner la chose;
Il n'a rien voulu dire, et j'en comprends la cause.
Un public ignorant est semblable au goujon,
On l'excite, on l'amorce, il mord à l'hameçon.
Et Rogers ne voulait que son apothéose !
Que sa dent sente ou non le muguet ou la rose,

Le point n'était pas là ; mais livrant des écus,
Rogers ne demandait que du bruit, rien de plus.
Aujourd'hui, cependant, une vive lumière
Vient de tomber à plomb sur ces dents qu'elle éclaire,
Et nous pouvons juger *le secret merveilleux*
Qu'un destin trop cruel cachait à tous les yeux (*).
Baudouin a publié, sur l'étrange mystère,
Du livre dont Rogers se dit être le père,
Un tout petit écrit rempli de vérités (**):
Je l'indique à tous ceux qui furent attrapés,
Qui, mordant l'hameçon qu'un faux appât décore,
Ont tâté de la dent qu'on appelle *Osanore!*
Ces dents ne valent rien, leurs fétides odeurs,
Après six mois d'usage, exhalent des vapeurs

(*) *Les Osanores*, poème en quatre chants, de Mlle J. de B...lague, à Mad. la baronne de K......rac, inséré dans les *Débats*, la *Presse* et la *Sylphide*.

(**) Voir la brochure intitulée : *Un autre mystère de Paris, etc.*, par un médecin-dentiste ; chez Baudouin, rue Dauphine, 24.

Qui font à quinze pas tournoyer une mouche !
Il suffit pour cela du souffle de la bouche
Où l'on mit l'ozanaure ; et je laisse Rubec,
Rogers et Jacowski se prendre par le bec,
Pour revenir au but où je voulais atteindre.

Avec quelque raison nous pouvons tous nous plaindre
Des vers dont trop souvent tu viens nous assommer,
Et qu'à regret Chambolle est contraint d'imprimer.
Tu raisonnes sur tout; la France et l'Angleterre,
L'Afrique et nos soldats excitent ta colère;
Et lorsque tu prétends attaquer le pouvoir,
Que tu veux, contre lui, vider ton *réservoir* (5),
Tu ne connais plus rien, et ta muse coupable,
S'entourant de mépris, devient inattaquable.
Permets-moi de venir un peu la relever.
Peut-être voudras-tu ne pas désapprouver
Cet essai, qu'au malheur, et d'une main amie,
J'offre bien volontiers; mais ta muse ennemie
Trouvera-t-elle bien que n'ayant aucun nom,
J'en agisse avec elle aujourd'hui sans façon?

Que je dise, tout haut, qu'elle a de notre armée,
Par un contact impur, touché la renommée?
Si ta muse se fâche, advienne que pourra,
Il m'en importe peu, car sans doute on dira
Que j'usai de mon droit en corrigeant la belle (6),
Qu'elle n'est, après tout, qu'une sotte donzelle.

NOTES.

(1) L'Alger que nous souillons.

Où es-tu, Dumanet? Toi qui fus toujours dévoué corps et âme au drapeau de ton régiment, la Parque inflexible a-t-elle, avec ses longs ciseaux, tranché le fil de ton existence, ou bien l'injure que je signale ici te serait-elle restée inconnue?

L'*Alger que nous souillons*!!! Et c'est un homme qui se dit Français, dont le courage n'a pas faibli lorsqu'il a vu ces mots alignés les uns à côté des autres! Et lorsqu'il en a passé l'inspection, il ne leur a pas fait rompre les rangs, pour retourner au pas de course d'où ils étaient sortis!

Oh mon ami Dumanet, où es-tu? Il me semble te voir, rouge d'une sainte colère, et pensant à tous les camarades, saisir à la gorge l'imprudent auteur qui se permet d'outrager une armée à laquelle tu te fais gloire d'appartenir; et l'apostrophant avec cette éloquence qui t'est particulière :

« Cré coquin!..... Polisson... d'auteur! ne pouvais-tu donc écrire autre chose? L'*Alger que nous souillons*...!

« Nous souillons l'Alger! nous qui avons été nous faire bronzer la figure, et presque rôtir par un soleil brûlant, pour bousculer le nid de ces pirates qui infestaient la Méditerrannée; nous qui avons rendu cette mer aussi sûre à parcourir que la belle rue de la Paix et cette place où l'on voit la colonne que le Roi a rendue au petit Caporal pour lui servir de piédestal !

« Nous souillons l'Alger !.... Je ne sais ce qui me retiens de te rompre les os, pour te remercier de tous les vœux que tu fais pour tous les camarades qui sont là-bas, et qui continuent, avec tant de courage, les travaux que nous avons commencés ! »

Si ces lignes que j'ai écrites arrivent jusqu'à toi, mon vieux Dumanet, tu me garderas quelques bons souvenirs de ce que j'ai dit pour relever les impertinences qui étaient adressées à notre armée avec tant d'injustice.

(2) La patrie est vendue, et *l'honneur périclite.*

Cet hémistiche appartient entièrement à Barthélemy; mais il est un vieux proverbe qui dit :

Ce que l'on crache en l'air vous tombe sur le nez.

En écrivant sa diatribe sur l'Algérie, Barthélemy a-t-il pris garde au sien? Le pauvre homme a terriblement fatigué sa poitrine en se livrant à ce pénible exercice. Ne crachait-il pas en l'air lorsqu'il disait :

« Pensaient-ils nous tromper par leurs plates défaites?
Pendant qu'ils nous jetaient le leurre de leurs fêtes (1),

---

(1) Ces vers ont quelque chose de drôle: leurs *plates défaites!* sans doute l'auteur a voulu dire faux-fuyant, dilemme échappatoire, car la défaite était pour les ennemis de la France; ils ont quelques raisons pour ne pas trompeter Isly, Tanger et Mogador.

Que du haut des tréteaux, d'une voix de Stentor,
Ils trompetaient Isly, Tanger et Mogador (2),
Notre infaillible instinct pronostiquait l'issue,
L'avortement public d'une œuvre mal conçue (3) :
Nos regards soupçonneux, en voyant l'échanson,
Devinaient la litharge à travers la boisson (4). »

Après avoir lu les notes que ces vers méritaient, à

Le leurre de leurs fêtes! Ces deux *leurs* qui se touchent d'aussi près sont admirablement poétiques; ils sonnent à notre oreille d'une manière tellement harmonieuse, qu'on ne peut les comparer à rien, sinon à ces vigoureux canards que l'amateur laisse échapper du basson ou de la clarinette, et qu'il lance avec autant de force que de grâce au milieu d'un morceau d'ensemble.

(2) Que ces vers sont lourds et embarrassés ! où diable Barthélemy a-t-il trouvé qu'il fallût une voix de Stentor pour trompeter, lorsqu'il suffit pour cela que l'air chassé par une poitrine très faible, et même très délicate, soit modifié seulement par la langue et les lèvres, sans aucun effort du larynx ou des cordes vocales.

(3) Que ces vers sont beaux ! que la pensée en est sublime ! Voyez-vous cet instinct que Barthélemy s'attribue; il remplace ordinairement, chez les animaux , ce souffle divin qu'on a pris l'habitude d'appeler âme chez les hommes qui n'ont pas perdu ou détraqué ce grand ressort intellectuel. Et puis ces deux régimes de la phrase ; l'issue et l'avortement, pronostiqués par l'instinct infaillible !

Ne faudrait-il pas être plus que difficile , je dis le mot, extrêmement ridicule, pour ne pas trouver ces deux vers admirables !

(4) Ainsi que j'ai cru devoir en avertir mes lecteurs, je ne suis

bien juste titre, on conviendra certainement que l'instinct de Barthélemy était en souffrance, sans cela, notre auteur

---

qu'un très humble caporal, déjà vieux de grade, puisque j'ai dû réformer déjà trois ou quatre paires de galons ; aussi mon grade m'a-t-il valu quelquefois l'honneur d'être chef de poste et commandant militaire aux barrières de Paris ; et là j'ai dû quelquefois aussi me contenter de ce vin frelaté, où la litharge, dit-on, entre pour quelque chose ; mais dire, en voulant critiquer le banquet donné au palais de la Bourse par l'élite du commerce de Paris :

« Nos regards soupçonneux, en voyant l'échanson,
Devinaient la litharge à travers la boisson, »

c'est plus que faire un non sens ridicule, c'est dire une bien grosse bêtise ; car les regards ne devinent pas ; seulement je crois que, par leur secours, on peut apercevoir quelque chose.

Où donc Barthélemy avait-il placé son infaillible instinct, qui lui avait suggéré des pronostics dont l'issue a été tout autre que celle qu'il avait prédite ? Cet instinct infaillible était sans doute absent lorsque Barthélemy disait à lui tout seul que ses regards soupçonneux devinaient !!!

Dans ces vers que j'ai cités vous ne voyez rien de très poétique ; ni moi non plus ; et j'aurais manqué certainement du courage nécessaire pour aller jusqu'au bout, si je n'avais été de garde le 1er juin dernier. N'ayant rien de mieux à faire, j'ai lu, et c'est avec une bien grande satisfaction que j'ai vu la verve de notre auteur se ranimer un peu, lorsqu'il a été question d'Abd-el-Kader et des Arabes insoumis. Il y avait sans doute des raisons pour cela, quelque chose avait très certainement remonté la machine.

n'aurait pas craché en l'air, ainsi qu'il l'a fait, ou du moins il n'aurait pas oublié de prendre ses précautions.

(3) Nos marins et Tanger, Joinville et Mogador,
T'ont vu muet pour eux.. ....

Je m'étais trompé, j'en conviens. Barthélemy n'a pas été tout à fait muet au sujet de Tanger et de Mogador, car il a dit :

. . . . « D'une voix de Stentor,
Ils trompetaient Isly, Tanger et Mogador. »

Si Barthélemy avait pris des engagements il était obligé de les remplir, et il ne pouvait pas célébrer nos triomphes, et en même temps exalter Abd-el-Kader et ses Arabes; mais ayons un peu de patience, le vent ne souffle pas toujours du même côté.

(4) Si Rogers fit chanter ses prétendus succès.

Notre époque est véritablement déplorable; et la presse périodique, c'est avec douleur qu'on est forcé d'en convenir, fait un bien triste usage de cette liberté qui finira par tout bouleverser.

Il suffit donc aujourd'hui que celui qui n'a rien à perdre consente à payer une place dans la quatrième page de nos journaux, pour pouvoir dire impunément tout ce qui lui passe par la tête. Il pourra traiter d'ignorants, de charlatans, de bourreaux, etc., des hommes honorables qui exercent une profession utile, après avoir fait des études sérieuses, prouvées par le diplôme qu'ils ont obtenu.

Et ces hommes outragés, désignés même au mépris et à la haine de leurs concitoyens, devront ne pas répondre à ces injures, ou seront contraints de payer pour donner à la réponse qu'ils voudraient faire, la publicité que l'industriel avait achetée, parce qu'elle secondait ses vues, et qu'il en espérait une réputation qu'il ne pouvait fonder autrement.

Je livre ces réflexions au public : elles touchent ses intérêts.

Cette manière d'agir de notre presse périodique, qui se dit instituée pour la défense des intérêts de tous, nous rappelle une anecdote imprimée dans tous les recueils qui portent le nom d'Almanach. Elle sera très bien placée ici.

« Un certain chirurgien qui avait pris domicile dans une ville de premier ordre, voulait se hâter d'acquérir promptement une réputation de talent et d'humanité, et par dessus tout, la fortune, après laquelle aujourd'hui chacun court à perdre haleine.

« Pour arriver à ses fins, notre homme avait besoin d'occasions, et voilà, dit-on, le moyen ingénieux qu'il inventa pour les faire naître au gré de ses désirs. Il fit ouvrir derrière sa maison une petite porte dérobée, puis, de temps à autre, le soir, il attendait les promeneurs isolés et retardataires, leur cassait bras ou jambe, leur contusionnait plus ou moins fortement la tête ou la poitrine, ou bien encore déterminait des solutions de continuité peu profondes ; mais intéressant les téguments d'une manière satisfaisante, puis il rentrait lestement chez lui par l'ouverture en question, endossait le costume doctoral et courait prodiguer ses secours et ses soins, que le pauvre blessé réclamait à grands cris. »

En ouvrant avec tant de facilité la quatrième page de ses journaux aux industriels de l'espèce des sieurs Rogers, Laîné (qui se dit M. Aimé de Nevers), Rubec, etc., la presse périodique n'aurait-elle pas trouvé le moyen de susciter des réponses qui, pour être publiées, apporteraient un tribut indispensable aux dépenses exigées par l'énorme et ridicule dimension qu'on veut donner à nos feuilles quotidiennes ?

(5) **Que tu veux contre lui vider ton réservoir.**

Ce vers demande une petite explication pour être compris du lecteur, et ne rien perdre du sens qui lui appartient. Barthélemy, dans ce qu'il appelle son *Réveil*, la première des satires dont il nous gratifia en 1844, lorsqu'il a été bien convaincu que le ministère ne pouvait pas lui laisser la liberté de puiser au trésor, et de faire servir l'argent des contribuables à satisfaire tous ses goûts et toutes les dispendieuses fantaisies qu'il s'est créées, écrit la satire qu'il appelle son *Réveil*, et à la page 8 il dit :

« Depuis que j'ai cessé de mordre le pouvoir,
Ma colère mâchée a fait un réservoir,

> Et le poison vengeur dont se teint ma parole,
> A de ma dent à jeun regonflé l'alvéole. »

Il devait avoir bien faim l'auteur qui s'exprime ainsi. C'est sans doute dans un accès de cette maladie connue de tous les médecins sous le nom de *Boulimie* ou de *Cynorexie*, que ces vers lui furent inspirés ; et l'auteur perdant la tête, a montré à nu le cynisme révoltant dont il nous a donné tant de preuves. Il faut lui pardonner : un malade a droit à l'indulgence.

(6) Que j'usai de mon droit en corrigeant la belle.

Oui, ce droit m'appartenait, comme il appartient à chacun des membres de cette grande famille qu'on a nommée le peuple ; oui, chacun a le droit de ne pas être à la merci de celui dont la manie est de vouloir régenter le monde, et qui, possédant la faculté d'écrire, ne veut pas prendre la peine de créer quelque production utile, mais qui préfère irriter les passions, exciter des orages, afin de pouvoir, dans l'eau trouble, faire une pêche aussi heureuse qu'abondante.

Je ne suis pas très haut placé sur la grande échelle sociale, puisque je suis caporal, et que j'en remplis les très humbles fonctions ; mais je sens le feu de l'indignation me monter au visage, et je prends volontiers la plume, pour ne pas me trouver dans l'affreuse nécessité de prendre le fusil et d'aller, avec l'escouade que j'ai l'honneur de commander, rétablir l'ordre, et peut-être user de rigueur contre de pauvres ouvriers malheureusement égarés par les productions incendiaires d'un écrivain déçu dans ses espérances, lui qui pouvait si bien, parlant le langage de la raison, de l'honneur et de l'humanité, plaider la cause de celui qui travaille, sans l'exciter à

Descendre dans la rue exposer ses raisons (*).

Le conseil des prud'hommes, qui tous les jours prend plus de développement, et qui porte le bienfait de son institution sur un plus grand nombre de corps d'état, peut régler le prix du travail sur la cherté des vivres, sur les besoins de la vie ; et les maîtres, comprenant mieux leurs intérêts, cesseront de se faire entre eux une concurrence ruineuse, qui amène après elle l'affreuse banqueroute et ses horribles conséquences.

Mais pour cela, ne faudrait-il pas réprimer un peu ce désir effréné d'arriver si promptement à la fortune, avoir un peu plus de courage, ne pas désirer quitter aussitôt le travail, et sentir en son cœur plus d'humanité, et un peu plus aussi de cet amour du prochain, divine philantropie que l'Evangile enseigne à tous ceux qui veulent écouter ses conseils et suivre ses divins préceptes?

(*) Je dois rendre cet hommage à la vérité : Barthélemy n'est pas exempt de reproche, sans doute, mais j'ai lu certaine production dont je ne crois pas devoir nommer l'auteur : il pourra prendre cependant une bonne part des réflexions que j'avais le droit de faire.

POST-SCRIPTUM.

Aujourd'hui Barthélemy vient de prouver que j'avais raison de dire : Ayons un peu de patience, le vent ne souffle pas toujours du même côté. (Voir la note 3.)

Dans sa dernière diatribe écrite pour le roi de Prusse, et que le *Siècle* a publiée le 14 de ce mois (septembre 1845), on trouve de grands mots bien sonores, des rimes très riches, mais une pauvreté de pensées tout-à-fait remarquable.

Pourquoi donc Barthélemy a-t-il écrit au roi de Prusse ? Pourquoi ne met-il pas ses lecteurs dans la confidence ? Ils auraient pu juger, du moins, si le mot dont il s'agit exigeait un aussi grand tapage.

Aujourd'hui l'auteur a dit la vérité en parlant de notre armée qu'il décriait hier ; je dois lui en témoigner une satisfaction bien sincère, et citer le passage où j'ai vu avec plaisir qu'il revenait à de meilleurs sentiments.

. . . .
« Que si dans ce moment le signal du danger
Révélait tout-à-coup aux bataillons d'Alger
Qu'il s'agit de laisser l'émir dans ses repaires
Pour rouvrir des chemins qu'ont sillonnés leurs pères,
Pour rentrer dans Berlin, où passèrent leurs rangs,
L'Afrique tremblerait de hourras délirants,
Que l'on verrait encor sortir de sa poussière
La race des Davoust, des Suchet, des Bessière. »

Je ne viens pas certainement disputer à Barthélemy l'infaillible instinct dont il se dit le propriétaire exclusif ; et bien que mes regards ne soient pas pourvus de la faculté de deviner, j'ai dit vrai, le vent a changé quelque peu, puisque notre auteur convient aujourd'hui que nos soldats valent quelque chose, et qu'il prend sur lui d'en menacer le roi de Prusse.

Ne voudrait-il pas leur faire prendre la route de Berlin pour que l'émir puisse respirer un peu plus librement dans *ses repaires ?* Barthélemy paraît toujours éprouver un sentiment bien vif d'intérêt pour Abd-el-Kader ; ce dernier doit s'en trouver extrêmement honoré !

Vendu au profit des victimes de la vallée de Monville.

Imp. de Lacour et Cie.
Rue Saint-Hyacinthe S.t Michel, 33.

www.ingramcontent.com/pod-product-compliance
Ingram Content Group UK Ltd.
Pitfield, Milton Keynes, MK11 3LW, UK
UKHW021117290826
14628UKWH00014B/2650

9 782013 249867